国家出版基金项目
NATIONAL PUBLICATION FOUNDATION

记住乡愁

——留给孩子们的中国民俗文化

刘魁立◎主编

怡 安◎编著

第十二辑 民间技艺辑

面 具

本辑主编 孙冬宁 沈华菊

黑龙江少年儿童出版社

编委会

主　任　刘魁立

副主任　叶　涛　施爱东　李春园

编委会　叶　涛　刘魁立　刘伟波　刘晓峰　刘　托
　　　　孙冬宁　陈连山　李春园　张　勃　林继富
　　　　杨利慧　施爱东　萧　放　黄景春

丛书主编　刘魁立

本辑主编　孙冬宁　沈华菊

序

　　亲爱的小读者们，身为中国人，你们了解中华民族的民俗文化吗？如果有所了解的话，你们又了解多少呢？

　　或许，你们认为熟知那些过去的事情是大人们的事，我们小孩儿不容易弄懂，也没必要弄懂那些事情。

　　其实，传统民俗文化的内涵极为丰富，它既不神秘也不深奥，与每个人的关系十分密切，它随时随地围绕在我们身边，贯穿于整个人生的每一天。

　　中华民族有很多传统节日，每逢节日都有一些传统民俗文化活动，比如端午节吃粽子，听大人们讲屈原为国为民愤投汨罗江的故事；八月中秋望着圆圆的明月，遐想嫦娥奔月、吴刚伐桂的传说，等等。

　　我国是一个统一的多民族国家，有 56 个民族，每个民族都有丰富多彩的文化和风俗习惯，这些不同民族的民俗文化共同构筑了中国民俗文化。或许你们听说过藏族长篇史诗《格萨尔王传》

中格萨尔王的英雄气概、蒙古族智慧的化身——巴拉根仓的机智与诙谐、维吾尔族世界闻名的智者——阿凡提的睿智与幽默、壮族歌仙刘三姐的聪慧机敏与歌如泉涌……如果这些你们都有所了解，那就说明你们已经走进了中华民族传统民俗文化的王国。

你们也许看过京剧、木偶戏、皮影戏，看过踩高跷、耍龙灯，欣赏过威风锣鼓，这些都是我们中华民族为世界贡献的艺术珍品。你们或许也欣赏过中国古琴演奏，那是中华文化中的瑰宝。1977年9月5日美国发射的"旅行者1号"探测器上所载的向外太空传达人类声音的金光盘上面，就录制了我国古琴大师管平湖演奏的中国古琴名曲——《流水》。

北京天安门东西两侧设有太庙和社稷坛，那是旧时皇帝举行仪式祭祀祖先和祭祀谷神及土地的地方。另外，在北京城的南北东西四个方位建有天坛、地坛、日坛和月坛，这些地方曾经是皇帝率领百官祭拜天、地、日、月的神圣场所。这些仪式活动说明，我们中国人自古就认为自己是自然的组成部分，因而崇信自然、融入自然，与自然和谐相处。

如今民间仍保存的奉祀关公和妈祖的习俗，则体现了中国人崇尚仁义礼智信、进行自我道德教育的意愿，表达了祈望平安顺达和扶危救困的诉求。

小读者们，你们养过蚕宝宝吗？原产于中国的蚕，真称得上伟大的小生物。蚕宝宝的一生从芝麻粒儿大小的蚕卵算起，中间经历蚁蚕、蚕宝宝、结茧吐丝等过程，到破茧成蛾结束，总共四十余天，却能为我们贡献约一千米长的蚕丝。我国历史悠久的养蚕、丝绸织绣技术自西汉"丝绸之路"诞生那天起就成为东方文明的传播者和象征，为促进人类文明的发展做出了不可磨灭的贡献！

小读者们，你们到过烧造瓷器的窑口，见过工匠师傅们拉坯、上釉、烧窑吗？中国是瓷器的故乡，我们的陶瓷技艺同样为人类文明的发展做出了巨大贡献！中国的英文国名"China"，就是由英文"china"（瓷器）一词转义而来的。

中国的历法、二十四节气、珠算、中医知识体系，都是中华民族传统文化宝库中的珍品。

让我们深感骄傲的中国传统民俗文化博大精深、丰富多彩，课本中的内容是难以囊括的。每向这个领域多迈进一步，你们对历史的认知、对人生的感悟、对生活的热爱与奋斗就会更进一分。

作为中国人，无论你身在何处，那与生俱来的充满民族文化DNA的血液将伴随你的一生，乡音难改，乡情难忘，乡愁恒久。这是你的根，这是你的魂，这种民族文化的传统体现在你身上，是你身份的标识，也是我们作为中国人彼此认同的依据，它作为一种凝聚的力量，把我们整个中华民族大家庭紧紧地联系在一起。

《记住乡愁——留给孩子们的中国民俗文化》丛书，为小读者们全面介绍了传统民俗文化的丰富内容：包括民间史诗传说故事、传统民间节日、民间信仰、礼仪习俗、民间游戏、中国古代建筑技艺、民间手工艺……

各辑的主编、各册的作者，都是相关领域的专家。他们以适合儿童的文笔，选配大量图片，简约精当地介绍每一个专题，希望小读者们读来兴趣盎然、收获颇丰。

在你们阅读的过程中，也许你们的长辈会向你们说起他们曾经的往事，讲讲他们的"乡愁"。那时，你们也许会觉得生活充满了意趣。希望这套丛书能使你们更加珍爱中国的传统民俗文化，让你们为生为中国人而自豪，长大后为中华民族的伟大复兴做出自己的贡献！

亲爱的小读者们，祝你们健康快乐！

刘魁立

二〇一七年十二月

目　录

走进面具世界

| 走进面具世界 |

亲爱的读者，你戴过面具吗？如果你体验过戴面具的乐趣，相信那一定是一段难忘的经历。或者说，那是你如今还记得，而且将来仍然会记得的"乡愁"。然而，你是否了解面具的来龙去脉呢？

今天，虽然在民俗活动和戏剧表演中，还能看到面具的影子，但是在大多数情况下，面具成了深受儿童喜欢的玩具。然而，和其他玩具相比，面具具有特殊的魅力，甚至可以说，它具有某种难以名状的魔力——一旦

戴在人的脸上，就好像有了生命，使佩戴者变成另外一个形象。时至今日，无论是在民俗活动、戏剧表演中，还是在诸多游艺活动中，各种形态的面具仍深受大家的欢迎。

但是，如果没有真正了解面具的内涵、功能和意义，那你就很难对它怀有深厚的情感。你很可能仅仅是曾经随性地玩过一阵子、热闹过一阵子、高兴过一阵子，而不是深切地、由衷地喜爱它。当你对它有了全面地、本质性地了解后，才能更充分、更深切、更持久地喜爱它。这种情感不会随着年岁增长和环境变化而更易、稍减。

现在就让我们揭开面具的奥秘吧。

什么是面具

| 什么是面具 |

说到面具，我们先来讲一段与此有关的历史故事。

《北齐书》中记载：

"兰陵武王长恭，一名孝瓘，文襄第四子也，累迁并州刺史。突厥入晋阳，长恭尽力击之。邙山之败，长恭为中军，率五百骑再入周军，遂至金墉之下，被围甚急，城上人弗识，长恭免胄示之面，乃下弩手救之，于是大捷。武士共歌谣之，为

| 河北磁县兰陵王墓前的雕像 |

《兰陵王入阵曲》是也……"

在南北朝时期，北齐有一位将领，名叫高长恭，他是文襄帝高澄的第四个儿子，被封为兰陵郡王。他勇猛过人，曾经多次率兵征战。

高长恭"温良敦厚、貌柔心壮、音容兼美"，被后世列为"中国古代四大美男"之一。每逢疆场厮杀时，他为了不显露俊美的相貌，便特地制作了一张威严雄武、狰狞恐怖的面具戴在脸上，给敌人造成错觉，以震慑敌军。

公元564年，北周攻打北齐，武成帝高湛派高长恭前去救援。他头戴面具，率领五百骑兵杀出重围。待到金墉城（今河南洛阳）下，一行人被敌军包围，城上守军不能辨识前来的是敌军还是友军，情况十分危急。于是，高长恭摘下面具，露出了自己的真实容貌，金墉城的守军见是友军，便放箭射向敌军，高长恭率领手下里应外合大败北周军队。将士们载歌载舞以庆祝胜利，后被改编为驰名后世的《兰陵王入阵曲》。

这段历史故事中最有趣的场面就是高长恭戴着面具杀入敌阵，之后为了让友军辨认，又摘下面具。这一戴一摘，正揭示了面具最基本的功能——用这样一个特殊形式的物件遮盖原有的真实面孔，示人以截然不同的形象。

有人曾著文说，兰陵王所戴的或许不是面具，而是头盔。然而，河北磁县兰陵王墓前雕像手上拿的确实是一张面具。日本演员在表演《兰陵王入阵曲》的时候，佩戴的也是面具。

这些事例都说明，如今，大家仍然认为兰陵王当年出征时所戴的就是面具。有人认为兰陵王所戴的面具乃是"假面之始"。

面具是用来遮挡自己的面貌，向外人展示别样形象的一种器具，这是面具最核心的功能。

目前可以肯定的是，在大约一千五百年之前，高长恭上阵厮杀时，戴的就是面具。但是根据现有资料信息，我们无法断定高长恭当年所戴面具是用什么材料制成的。

但是到了宋代，《宋史·狄青传》中就说得很清楚、很具体：

"临敌被发，带铜面具，出入贼中，皆披靡莫敢当"。

这里已经指出，狄青出

|日本的《兰陵王入阵曲》表演|

征作战时所戴的面具是铜制的。到了清代，有一位名叫贝青乔的诗人，在他的诗作《咄咄吟》里，还曾说到这件事：

"漫说狄家铜面具，良宵飞骑夺昆仑。"

面具是戴在人脸上的一种器具，因而说到面具，就不能不先说人的脸，也就是人面。

"脸"这个字，曾经指人面的一小部分，如《韵会》中记载：

"脸，目下颊上也……"

"脸"作为面部的总称乃是唐宋以后的事。唐代以前，从额头至下颚的整个部位一直被称为"面"。戴在"面"上的器具，自然被称为"面具"或"假面"。

"面"这个字，至今在很多情况下依然顽强地保留着原有的含义和用法。例如，"面容""面孔""面纱""面膜""面不改色""面面相

假面

觑""人面兽心""掩面而泣""面红耳赤"，等等。这些词语中的"面"字，都是对今天"脸"的含义而言的。长期流传下来便成了习惯，这些词语中的"面"字很难替换成"脸"字，现在我们不会说"脸脸相觑""人脸兽心""脸纱""掩脸而泣"，等等。同样，在我们说到"面具"的时候也不会说"脸具""假脸"。

现在，在大多数情况下，"脸"和"面"两者的内涵和用法大体相似，例如"丢脸"和"丢面子"差不多是一样的意思，而且我们还把这两个词叠用，变成一个词：脸面。

一个人的情绪、感受以及内心活动，有时通过他的表情和动作有所显露，从而

《蒙娜丽莎》

被外人获知。高兴和烦恼，喜欢和厌恶，欣赏和鄙夷，快乐和痛苦，和蔼和严厉，热情和冷酷……林林总总，一个人的内心世界是很难被准确把握的。而脸是表达情感乃至心灵的重要器官。所

有的情绪都能通过面部表情明显地表达出来。我们常说"眼睛是心灵的窗口"，这种说法或许不完全准确。因为如果没有嘴巴和面颊的辅助，只靠眼睛，还是难以做到完全传达内心感受的。这也从侧面说明包括眼睛在内的脸，可以表达极其丰富的内心情感。

意大利文艺复兴时期的画家达·芬奇创作的油画《蒙娜丽莎》，现存于法国卢浮宫。在几个世纪中，"蒙娜丽莎的微笑"被人们无数次地研究与评说。荷兰一所大学还特地运用"情感识别软件"，对蒙娜丽莎的微笑进行认真细致地分析，并且得出结论：在这张微笑的脸中，含有83%的高兴、9%的厌恶、6%的恐惧以及2%的愤怒。

脸不仅可以传达一个人的内心情感，还能在某种程度上反映一个人的性格、品质等。我们有时会说，这是一张和善的脸，慈祥的脸，智慧的脸，质朴的脸，或者邪恶的脸，阴险的脸，愚蠢的脸，狡诈的脸，谄媚的脸，猥琐的脸，等等。如果说脸在表达内心情感上通常是自然的、客观的而非做作的、虚伪的；那么，由脸而显现的品格，就掺杂有观察者本人的主观分析和价值判断。

脸还是人体各个部位中最容易被人识别，且具有个人标识的部位。这是因为在世界上很难找出两张完全相同的脸。即使是孪生兄弟、孪生姐妹，如果仔细观察，也会发现他们的面容有一定的差异。因此，证明个人身份的证件上，通常印有本人头像正面照。通缉和追捕犯人也要根据他的面部照片或者画像。在大数据时代的今天，想要确定一个人的真实身份，除了运用 DNA 比对技术之外，还可以使用人脸识别系统。

既然脸是一个人最重要的标志，那么在某些需要掩饰自己的形象和身份的情况下，人们就必然会在脸上做文章，以隐藏或掩盖原有的面貌，改变自己的真实身份，于是面具便出现了。

一言以蔽之，面具是一张"崭新的脸"。

面具可以改换一个人的面貌，以显示其他的身份，从而改变原有的人际关系，创造新的特定情境。

有人曾经为面具下过定

江西傩舞面具

义，认为它是"遮盖全部或部分脸面，并在眼睛和口鼻处开孔的覆盖物，通常作为舞会、狂欢节或类似的节日、

南丰傩面

戏剧等的伪装，起遮盖保护作用的外罩"。虽然这不是严格意义上的权威性定义，但还是被广为引用、流传。然而这种表述不足以概括面具的本质和全貌。

面具确实是人面的遮盖物，但是许多起遮盖、保护作用的外罩，并不能纳入我们所讨论的面具范围。例如，一些公众人物为避免在大庭广众之下被人认出，选择佩戴墨镜和口罩遮掩面部；电焊工工作时，所用的遮挡面罩……这些都不在我们所讨论的面具范围之内。凡此种种遮挡面部的工具，虽然有时也被称为"面具"，但是属于特定的保护用品，不能归入我们现在所讨论的面具一类。

概括地说，面具应该具

有如下几点特征：

一、用石、木、泥、布、纸、兽皮、金属、石膏、塑料等材料制成，留有观察和呼吸通道，以遮盖面部为主要功能的工具。

二、其目的在于掩饰本人的原有面貌，并将新的形象、新的身份向他人展示。

三、这种遮挡物上多绘以神、鬼、人、兽以及各种幻想出来的形象，具有完成宗教仪式、戏剧表演、化装游艺、游戏等各种文化功能。

四、面具是一种文化工具。它不单单是具有完成器具功能的一种物件。人们通过使用面具，改变自身的面貌，以表现具有人文内涵的某种形象。

五、面具还是一种文化手段。人们通过面具这张崭新的脸，变换成一个新的形象、新的角色，创造出一种新的场景，和他人建立起一种新的关系，并演绎新的故事，完成面具所描绘的新形象应该承担的新任务和功能。

六、面具只有通过使用才能体现它的真实意义。如果挂在墙上或者摆在桌上，即使可能有某种信仰层面的功能，但在很大程度上承担的还是审美的功能。其使用方式一定是戴在脸上，出现在相应的公共空间当中：祭祀所使用的面具，体现着人与神的沟通；戏剧所使用的面具，是演员借助于他所扮演的角色，活灵活现地讲述他要传达的故事，借以同观众进行交流。人们佩戴面具，不是为了自我欣赏，而是要与相应的对象进行"对话"。戴面具进行这种对话，必然是在一个特定的环境中，一个适当的公共空间里。前面说过的那些掩饰本人面目的面罩，以及各种防护工具等，使用时都不需要这种公共空间，有些甚至还会刻意地回避这样的公共空间，所以并不能称之为面具。

七、面具还有一个十分重要的特点：一个人佩戴面具后，就会不由自主地受到面具所反映角色意识的驱使，在语言表达和形体动作方面变得与之相适应。例如，孩子们在游戏时，戴了孙悟空的面具，就会模仿猴子的神态和动作；戴了老虎的面具，就会张开臂膀，伸出双手，大声呼叫。面具所带来的这种角色意识，正是它的魅力和魔力所在。

八、大多数情况下，面

乐安傩舞

具在改换人的容貌的同时，创造了新的场景和人际关系。这时，面具仿佛获得了某种威慑力量，在改变佩戴者的同时，也改变了周围的人。佩戴者会随着面具的指引，变换自己的行为举止乃至心态。周围的人也会跟随佩戴面具者的新形象，来调整自己同他交流的态度和方式。

综上所述，面具不应该被看作是一个孤立的、独立于其他相关文化因素之外的个体。脱离整体性的认识和分析，就不能对面具有全面、正确的理解。面具与其相关的语言表达、肢体动作以及相关人物呼应的相关场景、情境结合在一起，构成一个有机的、综合的、完整的文化活动场景。仅靠面具本身，

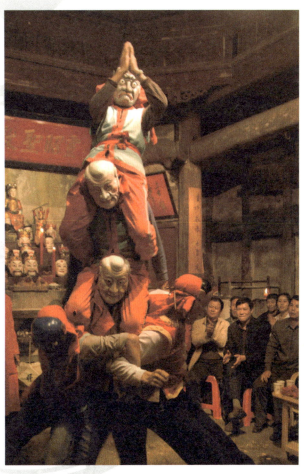

南丰傩舞

不可能完成它应该承担的具有丰富内涵的公共性文化功能。如果没有与其他文化因素有机结合，面具充其量只是一件艺术作品，从而丧失了它的文化意义。

面具的功能极其多样，在不同的历史时期，不同的公共性活动和生活场景中应用广泛。它反映了生活在不同社会历史环境中人们的宇宙观、自然观，反映了人们的信仰观念。

面具广泛使用于祭祀、礼仪活动、狩猎、游牧、农耕、征战、戏剧、舞会、游戏等诸多活动当中，在世界各民族中也都广泛流传，虽然形式各具特点，但其使用范围以及具有的功能在各民族中大体上是相同的。

面具的形式多种多样，

| 九千年历史的面具 |

有庄严的、神圣的、威严的……促使人们产生崇拜、敬畏之心；也有怪诞的、诙谐的、喜剧性的、闹剧性的，具有滑稽搞笑的效果。功能和形式的多样性，使面具文化在各个历史时期人们的生活中，始终扮演着重要的角色。

面具是一个既古老又年轻的活跃文化事象。

目前发现最早的面具距今约九千多年，是以石料制成的，现存耶路撒冷以色列博物馆，它的具体功能或许是为信仰仪式活动所用。

谈到面具的历史，有学者认为最早的面具可能产生于狩猎活动中。猎人为了接近猎物，常用面具把自己装扮成各种动物。之后，在世界各地的民俗活动中，人们又用面具把自己装扮成神明、鬼怪及各种奇禽异兽，以表示对自然力量的崇拜。在世界各民族的民间戏曲表演活动中，面具至今仍是重要的化装手段之一。关于面具起源问题，不同的学者说法各异。有的学者认为面具发轫于原始人的狩猎活动；有的学者认为面具起源于原始的祭祀活动，是一种巫术行为，反映原始人的神鬼信仰和灵魂观念；也有的学者认为，最早的面具是随着原始乐舞的出现而出现的。我们可以将这些学术观点粗略地概括为：劳动起源说、巫术起源说、艺术起源说。

说到我国古代面具的起源，清代赵翼的《陔馀丛考》记载道：

"假面盖起于《周礼》，

方相氏黄金四目以逐鬼。"

| 黄金面具 |

而《周礼》中的原文是这样的：

"方相氏掌蒙熊皮，黄金四目，玄衣朱裳，执戈扬盾，帅百隶而时傩，以索室驱疫。大丧，先柩。及墓，入圹，以戈击四隅，驱方良。"

翻译过来的意思是：方相氏蒙着熊皮，戴着黄金所制的四只眼面具，上身穿玄衣，下身着朱裳，手里拿着戈、举着盾，率领群隶，随四季变换举行傩仪，搜索室中疫鬼加以驱逐。遇有大丧，走在柩车前面，到达墓地后，在棺柩放入墓穴时，用戈击刺墓穴四角，以驱逐魍魉。

至于《后汉书》中提到的：

"大驾，太仆御。方相氏黄金四目，蒙熊皮，玄衣朱裳，执戈扬楯，立乘四马先驱。"

是否如赵翼等学者的推断那样是假面的最早雏形，恐怕还需要进一步论证。

日本媒体曾报道，该国考古学家在奈良县樱井市发现一件罕见的木制面具残件，据考证，这张面具的制作时间大约为公元二世纪下半叶，被认为是日本历史上最古老的面具，而且可能与中日早期文化交流有关。

这张手工制作的面具长23.4厘米、宽7厘米，厚度5毫米，出土时只剩下面具的左半边。面具外形平坦，由松木制成，雕有两个椭圆形的眼孔，以及供佩戴使用的线孔。

樱井市的考古研究者桥本辉彦判断其用途时说："我们认为一些有影响力的人在这一带把这件木制的物件用作面具，用以举办庄严的仪式。"有学者认为该面具可能由被称为"方相氏"的人佩戴，而据《周礼》记载，方相氏是脸戴面具负责驱除凶恶疫鬼的巫师，是中国古代傩祭的主持者。后来，这种巫者的形象和驱鬼习俗影响了日本，直到今天，日本还有反映中国和日本早期交流的历史遗存。

中国的面具历史久远，至今仍然盛行，是宝贵的民间文化遗产之一，历来有不同的称谓，古代将其称作"象""魌头""假面""大面""代面"等。其中"假面"这一名称使用最多。

在一些文献里，也曾称作"冷漠"，那是因为面具一旦做好，就代表一个具体形象成形，这个形象将固定不变，再也不能传达出这个形象可能有的演进过程和情感的千变万化。或许，这种不变的表情也是面具本身独有的一种优点：可以恒久地表达这一形象的本质特征。例如，神祇的威严和超凡入圣，鬼怪的邪恶和狰狞恐怖，

| 南丰傩面 |

男人的刚毅勇猛，女人的温顺善良，儿童的顽皮可爱，老翁的饱经风霜和老妪的慈善可亲……这样说来，定型化和类型化也是面具的特点之一。身份、品格以及情绪的始终一致，会给人留下强烈而深刻的印象。

根据面具视角的不同，可以进行不同的分类，例如：

以材质作为标准，可以分为纸制、布制、金属制、石膏制、泥制、竹制等。

在现实生活中，面具的应用范围很广，大体可以分为如下几类：

信仰活动面具；戏剧表演面具；舞会游艺面具；儿童游戏面具。

本书以面具的功能作为观察和叙述的依据，并作为面具的分类标准。

信仰活动面具

| 信仰活动面具 |

在一定历史时期的世界各民族信仰仪式活动中，面具都曾占有相当突出的地位。它既是灵异对象的载体，也是超自然力量的具象化工具。信仰活动面具的使用与宗教信仰紧密相连，并且在信仰仪式中展现了其多样化功能。

大约在公元前一万年的中石器时代，原始氏族社会的宗教信仰，作为精确意义的宗教的最初形态开始出现。考古发掘和对后期原始社会遗存的考察都表明，对超自然力量的信仰和崇拜是从这时出现的。这期间存在的巫术及其相关仪式，就是这种原始信仰的重要表现。

英国学者弗雷泽在他的著作《金枝》中，对巫术进行了详细的分析，其中很多论断至今仍被学术界所沿用。

弗雷泽认为，在原始人的心目中，世界在很大程度上是受超自然力量所支配的。这种超自然力量来自于神灵，而这些神灵像人一样，很容易因为人们的乞求、希望和恐惧而受到触动，进而产生怜悯之心，并作出相应的帮助人们去影响或改变自然进程的许诺。这些神灵常常化身为肉体凡胎的普通人，这就导致"人神"概念的出现。上述宗教观念在弗雷泽看来，还是比较晚出现的观念，更为古老的观念应该是巫术观念。

根据弗雷泽的分析论断，原始人最初认为，自然界并不受人的干扰，而是按照不变的秩序演进，一个事件总是必然地紧随着另外一个事件而出现。于是原始人便得出结论：只要掌握了事物衍生的奥秘，就能够达到预期的目的。弗雷泽认为，他们的这种观念或许没错，但是他们观念中的自然法则想象的基础性原则却是虚妄而谬误的。

这些原则可以归结为：第一、同样的"因"可以产生同样的"果"，或者说彼此相似的事物可以产生同样的效果，弗雷泽称其为"相似律"。第二、物体一经互

相接触，在切断实际接触后，仍可以继续远距离地互相作用，弗雷泽称此为"接触律"或"触染律"。巫术乃是原始人基于这两点错误的认识而采取的虚妄的控制自然的办法。从这两种原则出发，原始人认为：第一，通过模拟便能够实现他想要做的事；第二，通过曾经与某人接触过的物体便可以对其施加影响。弗雷泽称这样的巫术活动便是"模仿巫术"和"接触巫术"。

弗雷泽将以上两种巫术统称为"交感巫术"，因为两者都认为物体通过某种神秘的感应可以超越时间和距离相互作用，把一个物体的推动力传输给另一个物体。

面具，在这种仪式当中，

就展现了它的"巫术力量"。按照神、鬼等超自然对象而想象出的样貌，制成面具，由巫师或其他人佩戴这种面具，就成为这种超自然对象的化身，同时也仿佛获得了这位超自然对象的神奇"能量"。

江西乐安至今还保存着名为"滚傩神"的古老信仰仪式。据专家考证，这是西汉年间流行的"猪头打鬼"信仰仪式的演变产物，是目前全国唯一保存完好的图腾崇拜、动物神崇拜的傩仪遗存。

"境内舟车不通，粮食难以外运，故家畜饲养业较兴，饲养之猪皮薄肉嫩而成为历代皇家之贡品。但因山区多瘴气，故畜多瘟疫"（《乐安县志》）。

| 乐安傩舞"猪嘴""鸡嘴"面具 |

乐安东湖地理环境特殊。为了借助神灵的能力驱瘟避邪，保佑人畜平安，村民们对"猪嘴""鸡嘴"崇尚备至。因此，古老的"滚傩神"在这里找到了适合其生存、繁衍的土壤。村中古傩神庙前有一副对联：傩驱瘟疫丁盛畜旺，神佑乡里邑立村宁。"滚傩神"也被当地作为驱邪纳福、保境安民的一种仪式延续至今。

"滚傩神"的面具、舞蹈动作、音乐节奏可以说是别具一格，面具不像其他傩舞那样罩住整个面部，而是由"上额""下嘴"两个断片组合而成，是国内傩舞中唯一露脸的。"滚傩神"有一套较为完整的祭祀仪式和表演程序，农历正月初二起傩，先由杨氏族长至傩神庙装香点烛，顶礼朝拜，请出傩神，傩神庙平日供奉"清源""七星""金毛""判官""夜叉""鸡嘴""猪嘴""白虎精""歪嘴婆婆""魔（鹅）王""东岳"等十八个傩面具。傩班通常由七人组成，二人担箱，五人出大神，表演前先燃放爆竹，再由先生（领班）向四方朝拜，口念"呼矣，十方四界，值日星宿，功曹使者……"之类的祷词，然后由"鸡嘴""猪嘴"各自表演独舞和二神合演的"板叉"（又称"班颤"）。如果当地出现了疫情，则需要所有的面具出动，在"猪嘴""鸡嘴"表演完毕后，便由"白虎精""歪嘴婆婆""状元""土地"出场，演唱"劝世文"文戏，紧接着由"东岳""判官"牵着用锁链套住的"小鬼"进屋搜室逐疫。最后由"魔（鹅）王"进行"踩爆竹"表演，这时锣鼓声变得急促起来，村民们不断把点燃的爆竹丢在"魔（鹅）王"的脚下，一时间浓烟升起，火光四射，响声震耳，而"魔（鹅）王"脱去鞋袜，裤脚卷得高高的，赤脚踩在爆竹上，一边跳，一边诵念傩书词，以示傩神的威猛。虽然成堆的爆竹炸得烟花迸裂，硝烟四起，但是表演者始终泰然自若，似有神助，表演完成后，表演者的双脚毫无损伤，让人惊叹不已。

弗雷泽曾经转述斯里兰卡的一个信仰习俗。他说，有的时候人也会扮演"替罪羊"之类的角色，把他人的灾祸转移到自己身上。当一

斯里兰卡的传统面具

个僧伽罗人病情危急，医生束手无策的时候，人们便为病人请来一个跳鬼的人，这个人戴上鬼形象的面具跳舞，并向鬼献上祭品，借此把病人身上的病魔"转移"到自己身上。当病魔"转移"成功之后，跳鬼的人就躺在放尸体的架子上装死，然后任凭人们将自己抬到村外，放在空地上。等这场仪式结

束、周围没人的时候，他就立即"复活"回到村里。

我国许多民族都有使用信仰仪式面具的历史记录，其中一些面具直到今天还在使用。在今天的社会环境下，这种面具的功能自然会发生某种变化，并派生出新的功能和意义。

生活在我国不同地区的早期人类，有相对不同的生产方式和生活状况。我国的旱作农业、稻作农业、半定居农业、草原游牧业、高原农牧业等不同农业经济类型同时并存。约在青铜时代，中原地区形成了史官文化、南方地区形成了巫文化、北方地区形成了萨满文化等不同文化形态。它们之间有很大的区别，进而产生了不同形态下使用面具驱赶鬼怪或瘟疫的巫舞，也就是原始的傩（古时，腊月驱逐疫鬼的仪式称为"傩"）。从商周时期开始，傩祭就是关系着国计民生的重大祭典，而且具备相当完备的形态。自此为始，经商周、两汉、魏晋、隋唐、两宋再到明清，傩从最初作为一种单纯体现民间信仰、民间宗教的民俗活动，渐次从内容到形式发生了本质性的变化，经历了从傩祭到傩舞，再到傩戏的发展过程，傩的功能也有了从驱傩娱神到娱人的扩展和演化。

下面，简要介绍一下藏族、彝族、壮族、毛南族及京族的面具，使各位读者对各民族的信仰活动面具有所了解。

一、藏族面具

（一）羌姆面具

羌姆面具是藏族同胞在"跳羌姆"时所佩戴的面具。跳羌姆俗称"跳神"，这种活动广泛分布在我国的西藏、青海、甘肃、云南、四川等地，以藏族聚居区及藏传佛教流传区域为主。羌姆面具的制作材料大多数采用木、纸、泥、布、金属等，就流传范围及影响力而言，还是以纸或布制成的羌姆面具较为常见。羌姆面具是多姿多彩的藏族面具艺术中独具风采的重要组成部分，

藏传佛教面具舞

藏传佛教寺庙每逢重要的节日都要举行盛大的宗教仪式——跳羌姆。这是一种神圣、严肃、庄重的宗教仪规祭祀活动，担任表演的僧人要手执法器，戴着象征神、佛、护法、鬼怪等形象的威严而奇特的宗教面具，在庄严雄浑的长号、唢呐、莽筒、鼓钹的伴奏下，按照佛教仪规表演各种动作，以祭祀先祖、神灵，为芸芸众生消灾驱邪、祈祷福寿吉祥。当寺院喇嘛戴上羌姆面具时，就有了"神性"，扮演神灵的喇嘛仿佛是神的"再现"，发挥着驱鬼辟邪、除旧迎新的功能。

藏族彩漆面具

（二）曹盖面具

"跳曹盖"流行于四川平武、九寨沟白马藏区，在每年农历正月初六举行。"曹盖"系白马藏语音译，意为面具，"跳曹盖"即戴着面具跳舞完成信仰仪式活动。在跳曹盖中，舞者会戴上各种不同形象的面具，穿上特制的不同扮相服装，以夸张的舞姿来展现人们对神灵的崇拜，表达驱灾祈福的愿望，祈求神灵保佑下一年人畜平安、五谷丰登。跳曹盖的活动程序包括：杀鸡祭祖、祭祀山神、逐户跳曹盖驱鬼、全寨人在戴面具的巫师"白莫"和曹盖的带领下，到河边祭神送鬼等。白马藏人的跳曹盖习俗是受远古傩文化的影响，是一种原始的傩祭活动。

二、彝族面具

（一）天公、地母面具

天公、地母面具是彝族同胞进行祭祀活动时使用的道具，通常是木制的。天公面具在外观上有犄角、胡须等纹饰，而地母面具则多采用黑、黄两色。天公、地母面具多在彝族祭典活动中使用。

（二）公母虎神面具

公母虎神面具多被雕刻

傩面具

成虎头形象，在面具上除了有一对人耳，还有一对虎耳，面具的嘴中通常加装野猪牙或獐子牙。公母虎神面具多出现在彝族的火把节中，佩戴面具者通常要穿草衣、草裙，赤足表演。

三、壮族面具

（一）农神面具

农神面具是极具壮族特

色的祭祀面具，其形象多为壮族蚂蚜，也就是青蛙的形象。农神面具通常用椭圆形木料刻制而成，以红色和褐色为底色，配合使用白、黑、红等颜色绘制，并在下唇两侧用猪毛扎成白色胡须。农神是壮族极其重视的掌管农作物的神灵，壮族每年举行蚂蚜节①时，农神面具是必不可少的道具。

（二）布洛陀面具

布洛陀面具多用木材制成，内凹外凸，椭圆形。面具的双眼处是挖空的，面具颜色以黑、黄、红、褐为主，形态古朴。布洛陀是壮族普遍崇拜的创世始祖，在壮族同胞心中占据着极为重要的位置。在每年春节举行孝蚂蚜祈年活动时，布洛陀面具都是必不可少的组成道具。

作为人口数量最多的少数民族，壮族的面具种类极为丰富。据不完全统计，先后有山神面具、火神面具、水神面具、渔翁面具、禹王面具、护场面具、判官面具、妖怪面具、姑娘面具、织布老妪面具、寡妇面具、千岁面具、关帅面具、赵帅面具、邓帅面具、马帅面具、萨浑郭洛面具、土地公面具、人相面具、牛相面具、马相面具、猪相面具、鸡相面具、妖相面具、山贼面具、仙娘面具、灶王面具、甘王面具、土地神面具、冯四面具、冯

---

①壮族蚂蚜节主要流行于广西西北部红水河流域，因壮族把青蛙称为"蚂蚜"而得名。

九五面具、三元面具、雷王面具、北帝主师面具、令公面具、鲁班面具、武婆面具等。

配合各类面具同时出现在祭祀活动中的各类仪式道具，数量也非常多。常见的道具有兰阳蚂蚓棺、那地蚂蚓棺、孝蚂幡、龙幡、龛饰、添花桥、添花棚、追魂瓢、接命桥、长命牌、红灯笼、铁钟、香炉钵等。

四、毛南族面具

万岁娘面具是毛南族的标志性面具之一，其通常展现为善良、仁慈的老者形象，颜色多以黄色为主。万岁娘是毛南族最为敬重的神灵，普遍认为有赐子之效。关于万岁娘，还有这样一个故事：相传在毛南族中有个叫仲定的孤儿，他因家境清

│ 傩面具 │

贫娶不起媳妇而整日哀叹。一天，仲定决定手写许愿书祈求万岁娘帮忙娶妻。在万岁娘的帮助下，仲定果然娶到了仙女，过上了幸福的生活。日子久了，他渐渐忘记了当初对万岁娘的许诺，竟然将许愿书当作鞋垫使用。结果他和仙女所生的七个孩

子被万岁娘收回。醒悟后的仲定赶紧宰杀牲畜祭拜万岁娘，在得到原谅后，他们的孩子重新回到了家中。正因为有了这样一个故事，万岁娘的形象得到了更为广泛的传播，并衍生出一套相应的祭祀活动。

除了万岁娘面具外，毛南族还有中元面具、欧官面具、雷王面具、六曹面具、蒙官面具、灶王面具、莫一大王面具、三光面具、土地公面具、雷兵面具、仙桥面具、覃久面具、三界公面具、瑶王面具、瑶王夫人面具、太师六官面具、良吾面具、花林仙面具、社王面具、三娘面具、灵娘面具存世。这些形态各异的面具展现了毛南族独特的文化形象。简笏、宝杖、符箓等则是伴随各类面具使用的常见道具。

五、京族面具

镇海大王是京族最为重视的神灵，京族崇拜海神的信仰习俗与其生活方式密切相关。在京族的祭祀活动中配合出现的面具通常有算匠面具、歪嘴和尚面具、黑煞面具、水魁面具、泗州和尚面具、包公面具等，而相应的祭祀道具则通常有哈亭梁柱、哈亭神案、迎神轿、法衣、神印、令牌、凤冠、牌袋、牛角号、铜狗、八宝铜铃、司刀、师刀、竹卦等。

戏剧表演面具

| 戏剧表演面具 |

说起人类戏剧艺术发展的历程，通常会提到作为典型代表之一的古希腊戏剧。

古希腊戏剧是指盛行于公元前六世纪末至公元前四世纪初之间的古希腊戏剧。早期的戏剧起源于祭奠酒神狄俄尼索斯的宗教信仰活动。传说酒神与一群叫作萨提洛斯的半人半羊的精灵住在葡萄园里，于是人们在祭祀游行时常常身披羊皮模仿羊叫。希腊语中的山羊和歌手是现代名词"悲剧"的语源。

古希腊戏剧演出是在露天剧场举行的。面具是古希腊戏剧最具特色的象征。在古希腊的戏剧表演中，每个演员都有自己独特的面具。这些面具通常是用亚麻或软木这种极易损坏的材料制成的，所以难以保存。但是从以古希腊演艺为主题的绘画和雕塑作品中，我们可以得知那些面具的形状和样式。悲剧中使用的面具往往是痛苦或哀悼的表情，而喜剧中使用的面具通常是带有邪恶意味的微笑表情。演员在表演的时候不仅要用面具遮住整张脸，还要将头发遮住。经有关学者证明，这些面具的形状有利于扩大演员的声音，使他们的声音更具有穿透力，更容易让观众听清楚。由于演员和观众的距离非常远，因此演员必须频繁地更换服装和面具来吸引观众的注意。演员们穿的厚底靴子是要让自己显得高一些，有时还要戴上颜色艳丽的手套，好让观众能够辨认自己的手势。

公元前五世纪，戏剧已经正式成为雅典市民生活中的重要组成部分。每年都要在酒神剧场举办酒神节，节目的核心内容便是举办盛大的戏剧比赛。每个参赛的作家都要提交一部三联剧和一部相关的羊人剧作为参赛作品，后者的风格往往要比前者轻松。戏剧发展到这个时期，剧中的人物由一个增至两个，歌队扮演的角色更像是一个独立的人物，而非一个简单的叙事者。当时最著名、最受观众欢迎的四位剧作家是悲剧作家埃斯库罗斯、索福克勒斯、欧里庇得斯以及喜剧作家阿里斯托芬。

戏剧作家们的创作，让我们对古希腊戏剧有了一定的了解。遗憾的是，当时表演所用的面具竟然没有一件能够留存到今天。

从古至今，我国各民族

| 西式面具 |

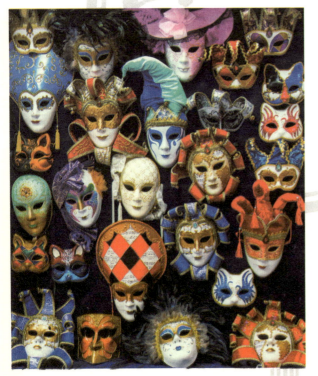

的戏剧表演面具都十分丰富。其中以号称"傩面"的傩戏表演面具最为著名。

有意思的是，若是将描绘悲伤和欢乐表情的两件面具放在一起，竟成了现代戏剧的明显标识。

在讨论傩戏之前，先来说说同样戴面具进行表演的"跳钟馗"。

钟馗是中国民间传说中驱鬼逐邪之神。傩舞中的"跳钟馗"又称"闹钟馗""请钟馗""戏钟馗""祈福傩""驱邪傩""镇邪傩""馗舞""钟馗社火"等，民间口头称呼繁多，但内容基本一致，一般统称为"跳钟馗"。

按唐代习俗，每逢重要节日，一些地方要跳钟馗（又称"跳判"，一般有六跳：跳五福、跳加官、跳蟠桃、

跳魁星、跳财神、跳龙凤。即跳福禄寿喜财子戏），以求赐福镇宅，中榜夺魁等。我国现在的"跳钟馗"主要分为南北两派。

南派跳钟馗以徽州歙县地区最为繁盛，多在端午节举行，寓意消除五毒，驱邪降福，保佑民众平安。

"北派跳钟馗"以陕西西安户县作为代表，常在开庙（庙宇新建或重修落成）、

傩戏《跳钟馗》

41

开台（戏台开台首演）、谢土（新居完工）等活动中进行表演。

"跳加官"是跳钟馗的一部分，又称"跳加冠""跳升冠"，唐宋以来流传于"赐福镇宅圣君"钟馗故里（陕西终南）和刘海的故里（安徽凤阳）等地，是当地百姓祈盼时运亨通、加官晋爵、飞黄腾达的戏剧表演活动。跳加官主要有钟馗降神、钟馗出巡、钟馗赐福、钟馗加冠、钟馗凯旋等几个段落。这项古老的民俗祈福文化活动，融宗教文化、民俗文化和戏剧艺术文化于一体，同时又反映了自然崇拜、鬼神崇拜、祖先崇拜等内容，是中国传统文化、传统民间舞蹈的重要组成部分。有一则谚语说："钟馗真神显，送咱福禄寿喜安！"古时跳钟馗是以木偶架在艺人肩上戏耍，后来发展到由艺人扮演钟馗，在村中巡游戏耍。表演跳加官时，钟馗头戴面具，身穿紫红袍，面涂紫金，面戴长髯，头顶乌纱，足蹬朝靴，右手持金色圣旨，左手持一品官帽，前有蝙蝠引路，后有黄罗伞盖，旁有书酒侍者，亦步亦趋。

有的地方"跳加官"所扮人物是道教神仙"天地水"三官中的"天官"，因向观众展开的条幅上写着"天官赐福""加官晋爵"等吉祥祝词，故称"跳加官"。进行跳加官表演的演员，面戴喜相面具，身穿丞相官服，手持笏板，或者写着"天官赐福""吉祥如意"之类的颂词。根据所供奉神祇不同，

人们分别口喊"给财神老爷加官""给关老爷加官""给火神爷加官",等等。在"跳加官"表演完成以后,才能开始正式的剧目演出。

京剧跳加官,不是在演员面部绘制脸谱,而是佩戴面具。在二十世纪中期以前,一个戏班在开箱和封箱的时候一定要演出"跳加官"。有的地方在每天演第一场戏之前,也会加演"跳加官"。

这种十分有趣的现象很可能是信仰仪式戏剧化过程的具体反映。

戏剧演出之前的"跳加官"是没有剧情的仪式性表演,并非是真正意义的戏剧,我国南方广泛流传的傩戏才是完全意义上面具戏剧的代表。

如前所述,"傩"作为一种特殊的文化现象,在中国大地上已存续多年。许多学者认为，"傩"在有正史记载之前已出现，并在商周时期得到极大发展。在古代历史文献中存有大量关于"傩"的记载。如《周礼·夏官》中对"方相氏"的描述，就记载了"傩"的作用及相关装扮。

唐代学者段安节为补唐代崔令钦所撰中国歌舞百戏论著《教坊记》之不足，而著《乐府杂录》。

据《乐府杂录·驱傩》中载：

"用方相四人，戴冠及面具，黄金四目。衣熊裘，执戈，扬盾，口作'傩'、'傩'之声，以除逐也。右十二人，皆朱发，衣白画衣。各执麻鞭，辫麻为之，长数尺，振之声甚厉。乃呼神名。其有甲作，食者；巯胃，食虎者；腾简，

食不祥者；揽诸，食咎者；祖明、强梁，共食砾死寄考者；腾根，食蛊者等。侲子五百，小儿为之，衣朱褐、素襦，戴面具。以晦日于紫宸殿前傩，张宫悬乐……事前十日，太常卿并诸官于本寺先阅傩，并遍阅诸乐。其日，大宴三五署官，其朝寮家皆上棚观之，百姓亦入看，颇谓壮观也……"

这段文字表明，当时虽然还保留有腊月举办傩仪驱逐疫鬼的习俗，但是娱人的成分大增，所以唐代学者段安节才将这段故事记录下来，作为对《教坊记》的补充。

宋代诗人陆游在《老学庵笔记》中写道：

"政和中，大傩，下桂府进面具，比进到，称'一副'。初讶其少，乃是以八百枚为

一副，老少妍陋，无一相似者，乃大惊。至今桂府作此者皆致富，天下及外夷皆不能及。"

在宋代一副面具竟有八百件之多，不要说这让当时的人感到吃惊，即使在今天也很难得。这八百件面具老少俊丑形象各不相同，是特地为"大傩"活动准备的。从这些面具的形态来看，这种"大傩"显然已经进入戏剧表演的范畴了。最为可贵的是，陆游还在文中透露了制作面具的工匠信息。他们是一群技艺高超，擅于创造，没有留下姓名的匠人。他们的智慧和技艺也受到了人们的广泛赞誉。他们得到的报酬在当时非寻常可比。

从面具的视角来讨论傩文化，并不能全面反映问题的全貌，特别是难以说清傩文化的观念转化及其整体的演变进程。"戴冠及面具，黄金四目，衣熊裘，执戈，扬盾"等形式，在宗教信仰观念逐渐消减甚至基本消除的条件下，也许只能长时间地保留在表演活动中。

后来，作为文化展演的傩戏艺术起源于原始傩仪，又逐渐消解了它原有的祭祀功能。作为原始文化阶段所产生的古老巫术，傩仪借助佩戴面具等形式和手段，进行驱逐疫鬼、祈福纳吉的仪式活动。继而，在单纯追求功利性的巫术活动中，渐渐增加了酬神和娱神的成分，从功能和形态的角度来说，渐渐地增加了戏剧和舞蹈表演的成分。到了此阶段，傩文化活动距离娱人的傩戏表演也就不远了。当然，正像我们所看到的，傩戏虽然在某些场合，在一定程度上还保留有宗教信仰的痕迹，但那已经不是决定事物性质的因素了。随着适应世俗剧目的不断增加，通过舞台演出、广场演出，戏曲表演成为核心性功能，傩戏脱胎换骨逐渐转变成一种满足观众审美需求的艺术表演形式。

傩戏流行于我国的西南地区及黄河、长江流域。目前已知的傩戏种类约有三十个。经过长时间发展与传播，傩戏已在我国多个民族得到普及，汉族、壮族、侗族、苗族、土家族、彝族、仫佬族、藏族、门巴族、蒙古族等民族都拥有自己的傩戏。这些傩戏在不同民族的语言里称谓各不相同，甚至有些

在同一民族的不同分布地区，也有不同的称谓。如侗族称傩戏为"咚咚推"或"师道戏"，壮族称傩戏为"师公戏"，土家族、苗族、仫佬族一般称傩戏为"傩堂戏"或"傩愿戏"，而门巴族则称傩戏为"门巴戏"。汉族作为我国人口数量最多、分布最为广泛的民族，其傩戏在不同省份、不同地区也有不同的说法，"傩戏"有"傩堂戏""傩愿戏""端公戏""师道戏""打城戏""坛灯戏""鬼脸壳戏""孟戏""童子戏""土地戏""神戏""地戏""关索戏"等许多名称。

傩戏在我国分布地区广，种类和剧目数量庞大。根据傩戏的用途、观众及演出方式、场地等要素，大体

可以划分为以下四类：

一、宫廷傩

宫廷傩是相对于民间傩而言，服务并流传于古代宫廷之中的傩戏。宫廷傩也被称为"大傩"，如本书开头所述《周礼》"方相氏掌蒙熊皮，黄金四目，玄衣朱裳，执戈扬盾，帅百隶而时傩"这一记载，即是对大傩的典型描述。方相氏的文化内涵几经发展，到了汉代时，其身边已增加了十二个神兽及一百二十个黄门子弟所扮的侲子（指傩仪中驱疫逐鬼的儿童）。到了宋代时，在傩戏中又增加了为百姓所熟知的判官、灶君、土地君、五方鬼、钟馗等多个角色。也正是由于宫廷对傩戏的巨大影响，使得傩戏在民间得以迅速普及。

| 傩舞 |

二、民间傩

民间傩又称"百姓傩"，一般流行于古代民间社会。古代的民间傩虽然没有宫廷傩那样肃穆、庄重，但是也具有极为相似的祭祀功能。例如，在《论语·乡党》中有这样的记载：

"乡人饮酒，杖者出，斯出矣。乡人傩，朝服而立于阼阶。"

即使是孔子这样的教育家、政治家，在面对乡间傩戏时都如此毕恭毕敬，可见民间傩的影响与作用。民间傩在宋代时发展到了一个新高度，据周去非《岭外代答》所记载：

"而所在坊巷村落，又自有百姓傩。"

可见在当时，民间傩已经成为百姓生活的必备文化内容。北方游牧民族普遍信仰的萨满教及其祭祀活动，南方少数民族的众多傩戏，均属于民间傩的范畴。

三、军队傩

军队傩也是傩的一种具体形式，一般在古代军队中流传、表演。最晚于宋代时，广西的军队中已出现了傩。据《岭外代答》中记载：

"桂林傩队，自承平时名闻京师。曰'静江诸军傩'"。

又如，陆游在《老学庵笔记》中记载：

"政和中，大傩，下桂府进面具。比进到，称一副。初讶其少，乃是以八百枚为一副，老少妍陋，无一相似者，乃大惊。"

在这一记载中，可以看出流行于广西的军队傩，在艺术形式及表现方式上均已达到了较高的水平。实际上，在现代社会广泛流传的傩戏中，有很大一部分就是军队傩。三国演义、隋唐演义中出现了大量的人物面具。这种以战争为题材的历史演义戏剧，也使得军队傩得以快速传播。

四、寺院傩

寺院傩是根据傩的展演场地及展演内容而命名的，这一形式主要流传于藏族地区。在西藏、青海、四川等地的寺庙中，一般被称"跳羌姆",也被称为"跳神"。同其他傩的本质属性相同,都是意图达到驱邪避灾、祈福求运的目的。藏族这种寺院傩的发展随着朝代的更迭而不断变化,元朝初期,蒙古族受到藏传佛教中黄教的影响,建设了相当数量的喇嘛庙,并让喇嘛开展跳神活动,以维持自己的统治。

"傩"最初是古代信仰和祭祀文化的一种表现形式。经过了数千年的发展与演变后,已成为集舞蹈、歌曲、戏剧、面具制作等多种艺术形成为一体的综合体,其意义及功能则包含了娱神娱人、驱鬼、祈福、求子、医疗、度难等全方位的丰富内容。

傩戏整合了民间的多种文化要素,作为一种文化艺术综合体,已成为具有独立性质的戏剧艺术。

面具是傩戏造型艺术中重要的表现手段。在相关的傩仪中,巫师多会采用佩戴面具的方式将自己与当代社会进行文化意义上的隔离,使自己的形象神化,以达到驱邪避灾的目的。这也就使得傩祭中的面具具有了符号化的特征。在后期的傩戏表演中,人们突破了宗教面具的限制,根据生活场所的实际情况,发明了多种材质、

|藏戏面具|

多种功能的面具。这种极具文化象征意义面具的诞生，也为后期更为精美的面具流传奠定了基础。

以藏族的面具为例。藏戏演员在进行化装时，通常有两种形式。一种是把脸谱画在脸上，另一种是佩戴面具。面具，藏语称为"巴"，是藏戏艺术独有的化装手段。早在吐蕃时期，苯教文化的祭礼仪式中所表演的土风舞、拟兽舞等，就采用了这种化装手段。后来由于宗教发展，高僧莲花生根据佛祖释迦牟尼关于佛教密宗四部学说中的《愈加瑜伽部》《无上瑜伽部》里的金刚舞一节，组织跳神法会。于是，土风舞便与金刚舞相结合，产生了跳神舞时所戴的面具。到了十四世纪，高僧唐东杰布为

筑桥修路筹集资金，创造了深受藏族人民喜爱的藏戏。藏戏表演者视他为藏戏始祖，并以他本人面目为模型制作了白发白须的白山羊皮面具。藏戏面具的产生，使藏族古老的面具艺术从神秘的宗教世界迈进了更加广泛的艺术世界。

藏戏面具主要用于各种民间表演活动。藏戏面具与宗教面具相比，造型带有浓郁的世俗倾向和民间色彩，表现的题材主要包括历史故事和神话中的人物、神灵和动物。面具上不同的色彩象征不同的角色特征，如深红色象征国王，浅红色象征大臣，黄色象征活佛，蓝色象征勇士，而半黑半白象征巫女等。藏戏演出时，除佩戴面具外，化装比较简单，只

使用一般的粉面与红脂，没有复杂的装点。这就使观众要从面具的造型和色调上区别人物的善、恶、忠、奸。

世界上许多民族的戏剧表演都有佩戴面具的习惯。日本的能剧演出中也经常使用面具，这是它最重要的特征之一。日本学者将能面分为翁面、老人面、女面、男面、鬼神面、怨灵面等，每类内部又细分出许多分支。

脸谱艺术是中国戏曲的显著特点之一。本书第一章曾经谈到面具在表演活动中的不足，这种不足在它"冷漠"的这个名称中也有体现。为了弥补这一缺憾，使表演者的脸部活动起来，能够有变化地、充分地表达喜、怒、哀、乐等情感，于是就发明了现今称为"脸谱"的方法，将戏剧角色的特征画在表演者脸上，让眼睛和面部能够准确表达情感。

大约在十二至十三世纪的宋院本和元杂剧的演出中，就出现了面部中心有一大块白斑的丑角脸谱。相传在南北朝和隋唐的歌舞节目中就有"假面歌舞"，这大抵就是脸谱的鼻祖。直至今日，中国贵州等地的传统地方戏中仍有佩戴面具演出的习惯。十八世纪末和十九世

| 京剧表演 |

脸谱

纪初，京剧逐渐形成内容丰富、体系完整的艺术形式。京剧脸谱在吸收各地剧种脸谱优点的基础上，经几代戏剧艺术家的不断探索、创新、改革，得到了充分发展。图案和色彩愈来愈丰富多彩，

不同人物的性格也区分得越来越鲜明，形成了一套完整的化装谱式。

今天，面具和脸谱作为两个独立的艺术门类，是并行发展的。然而，它们之间又有密切的关联，并且互为借鉴。现在许多面具往往是借用脸谱的样式来绘制的，例如孙悟空形象的面具基本上是采用脸谱中的勾画形式，描绘在面具上的。再比如鬼神面容的样式，在很大程度上也是模仿脸谱的。

舞会游艺面具

| 舞会游艺面具 |

大家都十分熟悉莎士比亚的著作《罗密欧与朱丽叶》。

凯普莱特和蒙太古两家有不共戴天的世仇。在一次宴会上，蒙太古的女儿朱丽叶与凯普莱特的儿子罗密欧初次相见，彼此便志趣相投。后来在牧师的帮助下秘密成婚。朱丽叶的堂兄得知此事后，要与罗密欧决斗。罗密欧的挚友认为不答应决斗会有损其名誉，便代替罗密欧去决斗。后来这位挚友在和朱丽叶堂兄的决斗中身亡。罗密欧见此情形，盛怒之下刺死了朱丽叶的堂兄。后法庭判处罗密欧流放他地。罗密欧离开后，城中许多人向

蒙太古提亲，蒙太古欲将女儿许配给一位伯爵。朱丽叶向牧师求救，牧师给了她一种假死的药物，并告诉她服下之后，将会昏死，数日后又会复活。牧师还派了自己的属下将此事告知流放中的罗密欧。这位使者中途因故耽搁，未能将消息及时送达。罗密欧听到朱丽叶死亡的消息后，匆忙潜回。当见到假死未醒的朱丽叶后，他悲痛万分，遂服毒自杀。朱丽叶醒来后，见心爱的人已经死去，便拔出罗密欧的佩剑，也跟着自杀了。从此，两家消除积怨，并在城中为罗密欧和朱丽叶各铸了一座

《罗密欧与朱丽叶》中的面具

金像。

这出大家耳熟能详的戏剧，之所以能够引出后面的剧情，关键点就在于我们讨论的议题——面具。这种舞会面具是隐藏自己面貌和身份的工具。在剧情的发展中起到了决定性作用。来参加舞会的罗密欧与朱丽叶是戴着面具相识的，如果他们没有戴上面具，由于两家的世仇，他们注定不可能相爱，甚至没有相见的机会。即使相见，仇恨之火也会充斥心间，更不用说相爱了。朱丽叶的堂兄见到罗密欧就一定要与之决斗，就是例证。

然而，有时舞会面具也可以仅仅起到模糊自己形象的作用，不一定非要完全掩盖自己的身份。我们经常会看到一些舞会面具是半遮面的，这类面具仅仅将佩戴者的面部、身份稍加掩饰，使佩戴者放松，不拘束，有更多自由活动的空间和随兴表达的机会。

由于西方舞会的形式和我国传统的文化娱乐活动形式不同，所以舞会面具在这里并没有得到充分发展。

江苏卫视有一档综艺节目叫《蒙面唱将猜猜猜》，节目中的歌星以各种人物、动物乃至抽象的面具，掩盖自己的真实身份，给大家造成难以辨识的感官印象，这一巧妙的节目构思算是对舞会面具的应用和延伸。

我国的一些少数民族在节庆活动中有"踩街"的习俗。

在欢庆节日沿街游行的时候，除了耍龙灯、耍狮子、扭秧歌、跑旱船等节目之外，还常常有佩戴各种不同的面具进行化装表演的人。

他们与前文讲到的佩戴

| 保加利亚舞会面具 |

面具的活动者有着极大的不同。完成信仰仪式活动和进行戏剧表演的巫师、演员或其他人员，都是专职从事该项活动的。而佩戴面具参与游行活动、进行化装表演的普通百姓，除了表演外，更多的是为了表达自己的欢乐心情。

俄罗斯、乌克兰、保加利亚、塞尔维亚、马其顿、斯洛文尼亚等国在庆祝新年等节日活动时，有化装成各种人、动物、怪物形象到亲友或邻居家祝贺的习俗。参与者除了更换服饰之外，往往还要戴上相应的面具。化装之后的年轻人以异乎寻常的新形象，或沿街乞讨，或做出种种出格的怪诞举动，以增加节日的欢乐气氛。保加利亚甚至在每年一月间举行专门的面具节，人们佩戴各种各样的面具，扮成不同的角色，行走在街头，招摇过市。这种化装过节活动，既是传统习俗的传承和再现，也是年轻人在节日的时间节点上所进行的游戏活动。

儿童游戏面具

| 儿童游戏面具 |

儿童是祖国的未来、是民族的希望，让儿童拥有一个快乐的童年意义非凡。面具游戏是一种不受时间、地点、人员等条件限制，同时又能为儿童提供无限乐趣的活动。

面具游戏寓教于乐，可以指导儿童认识世界，提升儿童日常交际和待人接物的能力，提高儿童的审美能力，帮助儿童建立互相帮助、团结友爱的良好同伴关系。总之，面具游戏不失为一种有益的活动和有效的教育手段。

| 儿童游戏面具制作 |

这里简单介绍一下儿童游戏面具的制作方法：

一、准备材料

材料：硬纸壳（也可以用卡纸或 A4 纸代替）

工具：剪刀、刻刀、胶水、针线、画笔、松紧带

二、定轮廓

根据想要创作的面具种类，在硬纸壳上画出相应的动植物形象。可选择的选项非常多：

动物类有老虎、大象、猫、狗、狮子、猴子等；

植物类有苹果、橘子、香蕉、花朵、小草、大树等；

人物类有警察、医生、教师、骑士等。

三、裁剪

用剪刀、刻刀等工具小心地裁剪硬纸壳，剪好后放置在一旁，准备进行下一步的工序。

四、上色

将裁剪下来的硬纸壳进行个性化创作。可以根据所绘内容进行相关的上色。比如，老虎这一形象，可以采用橘黄色和黑色为主色，进行大面积描绘，以达到易于辨识的目的。

五、穿线

取出松紧带，用针线在已上色的硬纸壳主体部分的两端打孔，将松紧带小心地穿入其中，并根据个人头部的具体情况调整松紧带，在佩戴舒适的前提下，用针线固定松紧带。

结语：面具——世界的再造

| 结语：面具——世界的再造 |

面具是一种文化器具和文化手段，它将戴面具者的真实面貌和身份以及社会角色进行掩盖，进而形成一种假象，使戴面具者成为一个真实的伪装形象；或者是戴面具者利用面具装扮成一种特定的形象，以表演某个故事。面具是一种遍布全球、贯通古今的重要文化现象，它因自身具有的丰富文化内涵和特殊外在形式，为学术界所重视。面具是造型艺术的一个特殊领域，常把雕刻和绘画艺术结合在一起，创造出颇为精彩的作品，不失为造型艺术的一项重要成就。直到今天，我们仍然可

| 乐安傩舞 |

以看到它的原型和影子继续在我国民众的心理上、民俗活动中、文化和艺术发挥着一定的作用。

一、两个指向

面具的来源已久，最早的时候，人类是通过树、桥、河在想象中与彼岸世界进行交流的，或是用香火传递心

愿，这些都是人神交流的通道。如果想要把鬼神等彼岸世界或者动植物及无生物等外在世界挪到现实的人际关系中，就需要由我们人类自己来演绎故事，同时还要借助某种工具或手段来模拟和"坐实"演绎的故事，于是面具应运而生。

最初面具和信仰仪式是紧密相连的，随之又在早期戏剧（如果可以称其为戏剧的话）中扮演了重要角色。无论是人或动物的面具，还是神祇或魔鬼的面具，大体都和这两个指向有联系。这种古老的面具功能在各个民族、这样或那样的场合下依然存活至今。古希腊一些戏剧作家的作品既是戏剧文化活动，也是带有强烈目的的信仰仪式，演员们足下穿着

厚底高靴，头上戴着面具，形象超凡。可惜，当年的面具实物并没有遗存。

2001年2月，在四川成都金沙村的金沙遗址发现了一张金面具。这张小巧玲珑的金面具，宽4.9厘米、高3.7厘米、重5克，圆脸圆颐，双眼，鼻梁高直，嘴巴镂空，似乎还略呈笑意，极富神秘主义色彩。

时隔6年之后，在离金面具出土处不远的一个圆坑内，发现了另一张金面具。这张金面具形体较大，宽19.5厘米、高11厘米、重46克，是目前我国发现的同时期形体最大、保存最为完整的金面具。其造型与小金面具有所不同，面部呈方形，额齐平，长刀形眉凸起，立眼，三角形鼻子高挺，有两

个鼻孔，阔嘴，长方形耳朵，耳垂处各有一圆孔，下颌齐平、内折，显得十分威严。

据考古学家推测，这些珍贵的器物都是古蜀先民用来奉献给神明的祭品。

二、人的异化和面具的异化

从某种意义上说，面具使人异化、变得神圣、"非我"了。例如，那些傩戏的表演者一旦戴上面具之后，就变得十分严肃。京剧中扮演关公的人，一旦化好装便静坐在后台，不苟言笑，仿佛进入到一种异常的神冥状态、神圣凛然。让人感觉仿佛是巫师进行巫术活动时，神灵附体一般。

三、虚拟的第二世界

这样一种与信仰活动相关的、古老的、神圣的文化

青铜面具

器具及文化形象创造后来被喜剧化，变成了一种制造谐谑的手段，不管是自古就有的神圣性，还是后来巴赫金研究过的狂欢理论。在笔者看来，都是创造了另外一种

空间和人际关系。由于空间和人际关系的变化，产生了另外一种有别于常态的情景和气氛。无论是在仪式活动中，还是在狂欢活动中，面具都在通过改变人的真实身份，力图创造一个虚拟的第二世界。在此过程中，扮演者身份发生改变，使活动空间也发生了改变。在第二世界的空间内，人们的观念、行为准则也都随之而变化。当然，神圣仪式的虚拟空间随着历史的推进，也衍生出一些欢庆式的活动，戏剧也由娱神派生出了娱人的功能，这两者之间并没有一条不可逾越的鸿沟。例如，在俄罗斯的圣诞节庆祝活动中的化装仪式，既有古代遗存的体现，也有当代戏谑、讽刺的喜剧性特点，将仪式和生活、虚幻和真实结合在一起。

四、类型化和多样性

正像我们所看到的，在历史中，人类对面具创造方面的贡献，体现在形式、内容、材料、功能、表现手法等方面，这些方面都有很大的创新，其丰富性以及这种丰富性所反映的民族特点、时代特点、地方特点等，都让我们惊叹不已。同时在这丰富性当中也不难发现一定的类型性，通过对这种类型性的研究和深入探索，会对面具的全人类性及其深层内涵有着更深的理解。

例如，作为面具的另外一种表现形式，京剧脸谱已经成为中国文化的代表性符号之一，它使面具活了起来、个性化了起来，使面具的色彩、象征意义变得更加丰富多样了起来。

五、理想和期望

面具反映了人类在不同时期的共同自然观，体现了关于自然和宇宙知识的发展阶段和相应的实践活动。我们对不同民族、不同国家、不同历史时期的面具和面具活动有过不同程度的深入研究，但对于各民族在面具方面的比较研究就显得很薄弱，把它放在人类非物质文化遗产层面上来宏观深入地探索和研究，是摆在文化工作者面前的重要任务。这是一个相当广泛的研究领域，各国学者应相互协作、共同推进这项极有意义的事业。

希望今后，通过各国面具研究专家的共同努力，能够召开一次世界面具博览会，将全世界的面具荟萃一堂，以展示面具丰富多彩而

| 日本面具 |

又强劲不竭的生命力，让我们借此了解，生活在地球不同角落的人是怎样对现实世界做异样的呈现，并与之进行和谐对话，同时又从中获得极大的生活乐趣。当然，我们更希望能够建成一座永久性的人类面具博物馆。

图书在版编目（CIP）数据

面具 / 怡安编著 ；孙冬宁，沈华菊本辑主编. --
哈尔滨 ：黑龙江少年儿童出版社，2020.12（2021.8 重印）
（记住乡愁 ：留给孩子们的中国民俗文化 / 刘魁立
主编. 第十二辑，民间技艺辑）
ISBN 978-7-5319-6681-4

Ⅰ．①面… Ⅱ．①怡… ②孙… ③沈… Ⅲ．①傩文化
—面具—青少年读物 Ⅳ．①K892.24-49

中国版本图书馆CIP数据核字(2020)第014160号

记住乡愁——留给孩子们的中国民俗文化　　　　　　　刘魁立◎主编

第十二辑 民间技艺辑　　　　　　　　　　孙冬宁　沈华菊◎本辑主编

面具 MIANJU　　　　　　　　　　　　　　　　　怡　安◎编著

出 版 人：商　亮
项目策划：张立新　刘伟波
项目统筹：华　汉
责任编辑：杨　柳　张靖雯
整体设计：文思天纵
责任印制：李　妍　王　刚
出版发行：黑龙江少年儿童出版社
　　　　　（黑龙江省哈尔滨市南岗区宣庆小区8号楼 150090）
网　　址：www.1sbook.com.cn
经　　销：全国新华书店
印　　装：北京一鑫印务有限责任公司
开　　本：787 mm×1092 mm　1/16
印　　张：5
字　　数：50千
书　　号：ISBN 978-7-5319-6681-4
版　　次：2020年12月第1版
印　　次：2021年8月第2次印刷
定　　价：35.00元